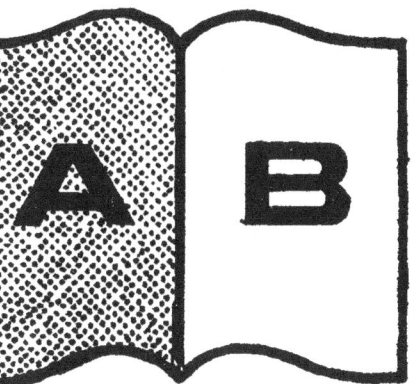

Contraste insuffisant
NF £ 43-120-14

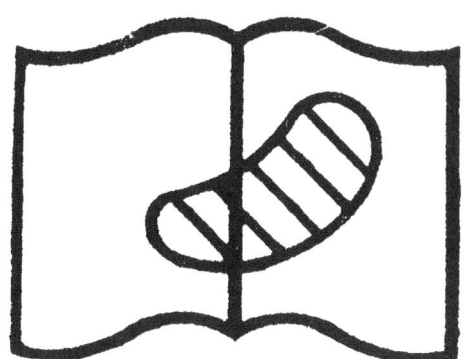

Illisibilité partielle

Valable pour tout ou partie
du document reproduit

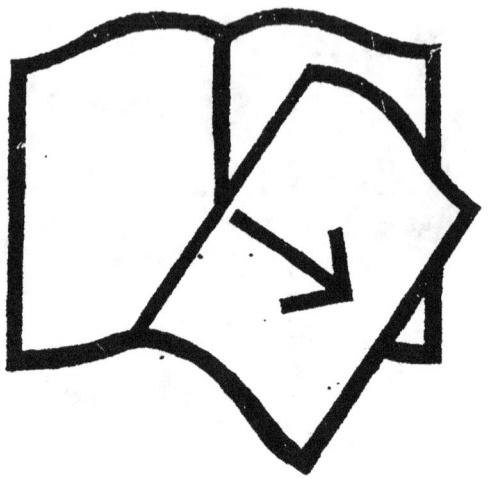

Couverture inférieure manquante

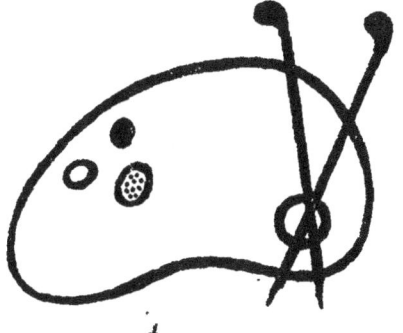

Original en couleur
NF Z 43-120-8

LA PORTE DE PARIS

A LILLE

ET

SIMON VOLLANT

SON ARCHITECTE

PAR

L. QUARRÉ-REYBOURBON

OFFICIER D'ACADÉMIE
MEMBRE DE LA COMMISSION HISTORIQUE DU DÉPARTEMENT DU NORD
DE LA SOCIÉTÉ DES SCIENCES ET ARTS DE LILLE, ETC.

PARIS

TYPOGRAPHIE DE E. PLON, NOURRIT ET Cⁱᵉ
RUE GARANCIÈRE, 8

1891

*à Monsieur Léopold Dolble
hommage respectueux de l'auteur
L. Quarré-Reybourbon*

LA PORTE DE PARIS
A LILLE
ET
SIMON VOLLANT
SON ARCHITECTE

Ce mémoire a été lu à la réunion des Sociétés des Beaux-Arts des départements, à l'École des Beaux-Arts, dans la séance du 28 mai 1891.

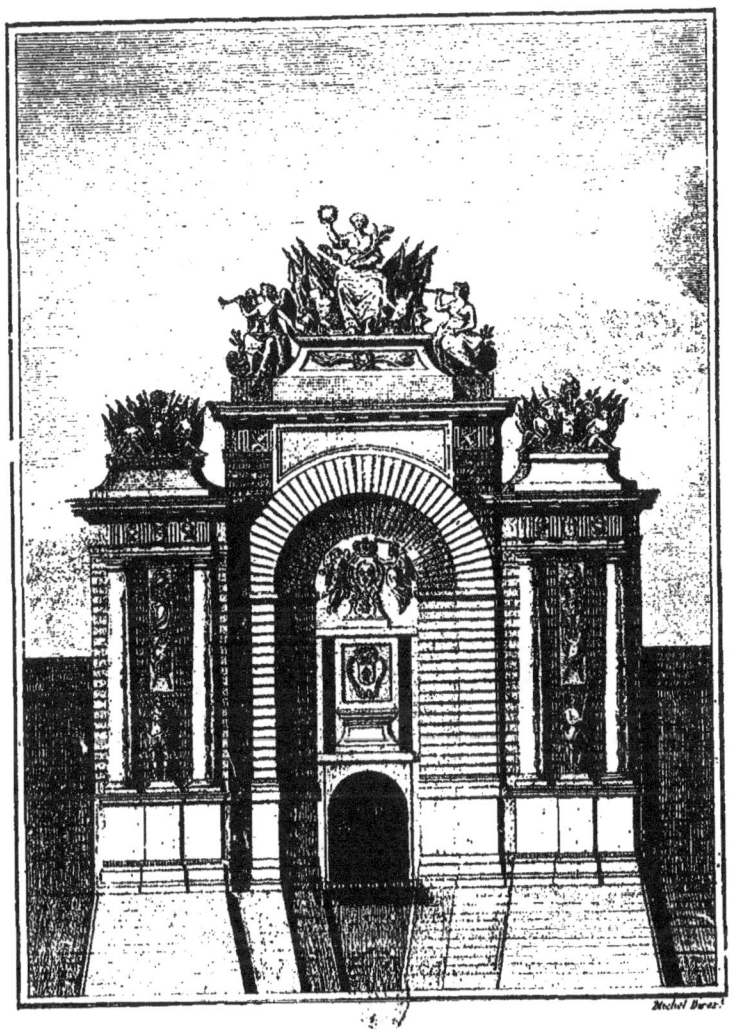

LA PORTE DE PARIS

D'après les *Antiquités nationales* de Millin

LA
PORTE DE PARIS

A LILLE

ET

SIMON VOLLANT

SON ARCHITECTE

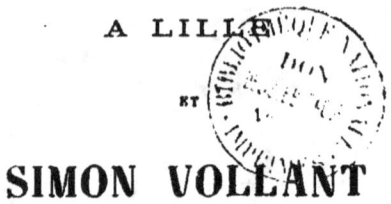

PAR

L. QUARRÉ-REYBOURBON

OFFICIER D'ACADÉMIE
MEMBRE DE LA COMMISSION HISTORIQUE DU DÉPARTEMENT DU NORD
DE LA SOCIÉTÉ DES SCIENCES ET ARTS DE LILLE, ETC.

PARIS
TYPOGRAPHIE DE E. PLON, NOURRIT ET Cⁱᵉ
RUE GARANCIÈRE, 8
—
1891

LA
PORTE DE PARIS, A LILLE

ET

SIMON VOLLANT, SON ARCHITECTE

Les arcs de triomphe, portiques élevés à l'entrée ou dans l'enceinte d'une ville pour rappeler des victoires et des conquêtes, sont peu nombreux en France. En dehors des monuments construits par les Romains, il n'y en a, si nous ne nous trompons, que sept : quatre à Paris, ceux de la porte Saint-Denis, de la porte Saint-Martin, de l'Étoile et du Carrousel, et trois en province, ceux de Montpellier et de Marseille, et celui de Lille [1].

Ce dernier, qui est désigné sous le nom de *Porte de Paris*, mérite d'attirer l'attention. Il présente une véritable originalité par son ordonnance générale, par l'élégance de ses formes et par la disposition heureuse de ses motifs d'ornementation ; seul, il offre une arcade triomphale unie à la porte d'une ville de guerre ; il a été élevé pour rappeler un important souvenir historique, le retour à la France de Lille et de la Flandre wallonne ; son auteur est Simon Vollant, habile ingénieur et architecte lillois, à qui l'histoire n'a pas jusqu'à aujourd'hui rendu justice.

La question si longtemps agitée de la conservation et de la restauration de la Porte de Paris a reçu enfin une solution : cette année, les travaux de restauration et d'achèvement seront entrepris et menés à bonne fin. Il nous a semblé que le moment était venu de faire des recherches sur la Porte de Paris. Les archives de la ville de Lille, celles du département du Nord, les neuf cents registres du

---

[1] On pourrait peut-être y ajouter la *Porte royale* de Nancy, construite sous Louis XV.

Dépôt de la guerre à Paris, où nous avons trouvé deux cent dix-neuf lettres adressées par Louvois à Vollant avec dix-huit lettres de ce dernier, les registres aux résolutions du magistrat et les délibérations du conseil municipal, les mémoires des Sociétés savantes, les articles des principaux journaux de Lille, les ouvrages spéciaux relatifs à ce monument et aux questions qui s'y rattachent, nous ont fourni un grand nombre de documents inconnus ou inédits. Ces documents nous permettent de présenter un historique presque complet de l'édifice, de faire connaître son architecte Simon Vollant et de rectifier diverses erreurs acceptées jusqu'à aujourd'hui comme des faits indubitables.

Notre travail sera divisé en quatre paragraphes : 1° description de la Porte de Paris; 2° son érection; 3° son architecte Simon Vollant; 4° son histoire depuis la Révolution jusqu'à nos jours.

I

DESCRIPTION DE LA PORTE DE PARIS.

Le 28 août 1667, après dix jours de tranchée ouverte et d'attaques de vive force qu'il avait dirigées en personne, Louis XIV faisait son entrée à Lille, par la porte désignée alors sous le nom de Porte des Malades et plus tard sous celui de Porte de Paris.

Dès qu'il fut maître de cette ville, le grand Roi pensa à la fortifier, à l'agrandir et à l'embellir. Sous son inspiration, Louvois et Vauban, aidés de l'architecte lillois Simon Vollant, qui leur fut, comme nous l'établirons plus loin, d'un puissant secours, construisirent la célèbre citadelle qui a été appelée le chef-d'œuvre de Vauban, ouvrirent du côté nord-ouest un nouveau quartier avec rues larges et coupées à angles droits, protégèrent ce nouveau quartier par une enceinte de remparts et renouvelèrent en partie les anciennes fortifications d'après les derniers perfectionnements, rectifièrent plusieurs rues et les délivrèrent de saillies incommodes, et construisirent plusieurs monuments, tels que l'hôtel des Monnaies. On avait même formé, vers 1685, le projet de doter Lille de fontaines jaillissantes et d'élever sur la Grande Place une statue équestre de Louis XIV dont le dessin avait été fourni au magistrat par l'architecte du Roi, Mansard[1]. Les guerres empêchèrent l'exécution de ces deux derniers projets.

Mais il est un autre édifice important qui fut construit : c'est la Porte de Paris, monument destiné à servir d'entrée dans la ville et d'arc de triomphe en l'honneur du Roi.

Les arcs de triomphe de Paris présentent tous, comme ceux des Romains, une grande arcade et deux pieds-droits surmontés d'un large entablement; il en est de même de la porte de Montpellier connue sous le nom d'Arc de triomphe de Louis XIV, et de celui de Marseille, reproduction assez faible du Carrousel. Le plan de l'arc de triomphe de Lille est tout à fait différent. Il est formé de trois parties ayant chacune son ornementation, son entablement et son groupe sculpté. Cette disposition, qu'on ne retrouve pas ailleurs, donne au monument un aspect plus varié, une silhouette plus élégante, un caractère moins romain et plus français.

Mais si, pour l'ensemble du plan, son auteur n'a pas adopté la conception classique, il s'est conformé aux règles de l'architecture gréco-romaine en usage au dix-septième siècle, en faisant choix, pour son édifice, de l'ordre dorique. On lit en effet dans le *Cours d'architecture* de l'un des professeurs les plus remarquables de cette époque : « Le style dorique, d'après les principes, est plus propre que les autres à exprimer le caractère grave et simple, noble et viril d'un monument élevé en l'honneur d'un guerrier[2]. »

La partie centrale est formée d'une base en grès et d'un soubassement en pierre, au-dessus duquel s'élève la grande arcade qui constitue l'arc de triomphe. Au-dessus de cette arcade, l'architrave, la frise et la corniche : l'architrave porte une grande tablette de pierre destinée à recevoir une inscription; la frise est décorée de l'ornementation dorique, les triglyphes séparés par des métopes que remplissent des boucliers et des casques; la corniche surplombe avec une grande saillie. Ce qui attire tout spécialement l'attention, c'est le grand motif de sculpture qui couronne l'entablement de la partie centrale. La Victoire, assise au milieu d'un

---

[1] Voir, au sujet de tous ces travaux, les Registres aux résolutions du magistrat, et DERODE, *Histoire de Lille*. Il est dit dans la délibération que la résolution de dresser une statue au Roi était prise parce que la ville « avoit reçu de grands bienfaits du Roi, et que sa population étoit fort affectionnée à son service ».

[2] J.-F. BLONDEL, *Cours d'architecture*. Paris, 1771, 1772, 9 vol. in-8°, t. III, p. 149-156.

trophée d'armes et de drapeaux, lève, avec un geste d'enthousiasme, sa main droite qui tient une couronne, et s'apprête à déposer cette couronne sur le front de Louis XIV, dont l'image est sculptée dans un médaillon. A ses pieds, au-dessous des trophées, assises sur la plinthe de l'acrotère, deux Renommées embouchent la trompette et chantent la gloire du Roi qui vient de rendre Lille à la France. Ce motif sculpté est dans les données de l'art classique ; mais combien, par son style élevé, par son mouvement, par les courbes élégantes dont il couronne la porte, n'est-il pas supérieur au char à quatre chevaux conduit par une femme personnifiant la Paix, et non la Restauration, comme l'ont dit quelques écrivains, qui s'élève au-dessus de l'arc de triomphe du Carrousel [1]!

L'arcade triomphale que nous avons décrite devant servir de porte dans une enceinte militaire, l'auteur du plan a fermé sa grande ouverture par un tympan en pierre sur lequel se trouve un grand écusson aux armes du Roi, et au-dessous, entre les rainures dans lesquelles doivent jouer les branches du pont-levis, par une tablette aussi en pierre, décorée de l'écu de la ville ; au bas, s'ouvre la voûte fermée par une porte et protégée par un pont-levis, passage étroit et facile à défendre, qui est l'entrée de la ville.

La partie centrale de l'arc de triomphe de Lille se rattache, par divers points, aux deux parties des côtés et forme ainsi, avec ces derniers, un ensemble remarquable par son unité. La base en grès et le soubassement sont les mêmes ; les triglyphes et les métopes de la frise ne présentent aucune différence ; la corniche et la plinthe ne varient que par les dimensions ; les deux groupes présentent un motif analogue à celui du milieu. Et afin de mieux accuser ces rapports et de rompre la monotonie des surfaces non sculptées, la partie centrale est coupée, à intervalles réguliers, de lignes de refend, qui se continuent sur les parties des côtés et contribuent ainsi à relier l'ensemble.

Ces deux parties des côtés ont toutefois leur ornementation spéciale : sur le piédestal reposent de chaque côté deux colonnes d'ordre dorique qui portent l'entablement, la frise et la corniche, dont nous venons de parler. Des saillies ménagées dans les piédes-

---

[1] *Inventaire général des richesses d'art de la France. Paris : Monuments civils*, t. I, p. 258, monographie de l'Arc du Carrousel par M. Henry Jouin.

taux servent de supports à la statue d'Hercule, à droite, et à celle de Mars, à gauche, symbolisant la Force et le Génie guerrier, dont le Roi a fait preuve en conquérant Lille et la Flandre. Ces deux statues placées entre les colonnes sont surmontées, toujours dans l'entre-colonnement, de deux grands trophées d'armes en demi-relief. Le motif sculpté qui surmontait l'entablement était, de chaque côté, un groupe formé de trophées d'armes et d'esclaves enchaînés ; ces esclaves ont été remplacés au commencement de la Révolution par des cottes d'armes, des massues et des casques[1].

Il est à remarquer que si les parties des côtés correspondent exactement aux lignes du soubassement de la partie centrale, il n'en est pas de même pour leurs entablements et leurs groupes. Ces groupes, à leur point le plus élevé n'atteignent, qu'à la hauteur de la frise de la partie centrale. Cette différence d'élévation est logique, puisque les deux parties des côtés sont moins larges et servent de point d'appui ; et elle contribue à donner au monument plus de variété et moins de lourdeur.

Quant aux sculptures en elles-mêmes, il est facile de reconnaître que l'ensemble de leur ordonnance est magistral, et qu'elles présentent un grand air et un mouvement qui révèlent des artistes du siècle de Louis XIV. Mais, à cause des rigueurs du temps et des révolutions, à cause des coups de pierres dont les enfants les ont maintes fois frappées, à cause de l'affreux badigeon dont elles ont été couvertes à différentes reprises, il est difficile d'apprécier tout ce que pouvait avoir de finesse le ciseau qui les a taillées.

Le parement est entièrement en pierres blanches des anciennes carrières de Lezennes. Bien qu'il y ait un certain nombre de ces pierres qui soient tombées ou qui s'effritent, l'ensemble est encore, au dire de l'architecte M. Godey, d'une dureté remarquable, et pourrait braver des siècles, surtout si l'on prenait la précaution de bien les purger des couches de badigeon et d'y faire appliquer ensuite une solution de silicate de potasse.

La hauteur de la Porte de Paris, sans y comprendre la base en grès qui est encore enfouie dans la terre, est, du sol actuel jusqu'au sommet du groupe principal, 28^m,25 ; sa largeur, 27^m,20.

---

[1] *Observations de plusieurs maîtres sculpteurs de la ville de Lille.* Lille, imprimerie de C.-L. Deboubers (1790), p. 2.

La base enfouie étant de 3m,55, cela porte la hauteur totale à 31m,80. Ces dimensions sont inférieures à celles du colossal arc de triomphe de l'Étoile, qui atteint 49m,54 de haut et 44m,82 de large [1]. Mais elles sont de beaucoup supérieures à celles de l'arc de triomphe du Carrousel, qui n'a que 14m,62 de hauteur sur 17m,87 de largeur [2], et de celui de Montpellier, qui n'atteint que 15m,11 de haut.

De tout cela, il résulte que la Porte de Paris, soit qu'on la considère en elle-même, soit qu'on la compare aux monuments analogues, est le plus intéressant de tous les arcs de triomphe qui ont été élevés en France. Il y en a de plus grandioses : mais aucun ne présente autant d'originalité et d'élégance; aucun ne révèle une plus habile science esthétique; aucun ne fait plus d'honneur à l'art français du grand siècle. Et cette appréciation n'est pas le résultat de l'esprit de clocher et du patriotisme local. M. Garnier, architecte de l'Opéra, a écrit en 1872, dans un rapport présenté au nom d'une commission chargée d'étudier le monument : « La valeur artistique de la Porte de Paris est très réelle et très grande, tant en ce qui touche l'architecture qu'en ce qui touche la sculpture; la composition est magistrale, les lignes sont bien coupées, et les statues en groupe ont un mouvement et une tournure dignes de grands artistes. C'est le seul spécimen du temps de Louis XIV, concernant la porte triomphale et la porte de guerre réunies, et la ville de Lille peut être certaine que ce monument unique lui sera envié par tous ceux qui s'intéressent à l'Art et à l'Archéologie. » L'habile statuaire M. Mercié a émis une opinion analogue [3].

II

ÉRECTION DE LA PORTE DE PARIS.

Le *Guide des étrangers à Lille,* publié en 1772, dit que la Porte de Paris a été élevée par la ville à la gloire de Louis XIV, en 1682 [4]. Et dans presque tous les ouvrages où il est traité de l'histoire de Lille, cette assertion a été reproduite. Il y a là une double erreur.

---

[1] *Inventaire général des richesses d'art de la France. Paris : Monuments civils,* t. I, p. 171.
[2] *Ibid.,* t. I, p. 230.
[3] V. ci-contre, pl. IV.
[4] *Guide des étrangers à Lille.* Lille, Jacquet, 1772, in-12, fig., p. 41.

D'abord, ce n'est pas en 1682, comme nous le démontrerons un peu plus loin, que l'arc de triomphe a été élevé. Ensuite, ce n'est pas la ville qui l'a fait ériger. Sans doute les échevins de la ville de Lille tenaient à honorer Louis XIV, puisqu'en 1685 ils avaient formé le projet d'élever à ce Roi sur la Grande Place une statue équestre, pour laquelle il était question de dépenser 60,000 écus [1]. Mais en ce qui concerne la Porte de Paris ou des Malades, la ville n'eut à sa charge, comme le prouvent divers passages des Registres aux résolutions du magistrat [2], que la porte d'entrée, le pont-levis et les piles du pont, travaux qui furent faits en 1674 et surtout de 1682 à 1686. Quant aux autres travaux qui furent exécutés à cette porte, la ville fit connaître à l'intendant M. de Bagnols, lorsqu'il vint les adjuger à l'Hôtel de ville le 10 avril 1687, « qu'elle n'étoit point tenue de contribuer à cette dépense », et lorsque l'intendant l'eut reconnu, les échevins décidèrent, comme le dit le Registre aux résolutions, « qu'ils tiendront acte de cette déclaration pour servir à la décharge de la ville [3] ».

C'est Louvois et surtout l'ingénieur-architecte Simon Vollant qui, au moment où l'on construisait les nouvelles fortifications du côté de la Porte de Paris ou des Malades, paraissent avoir eu la pensée de faire de cette porte un arc de triomphe en l'honneur de Louis XIV, qui, comme nous l'avons dit, avait fait son entrée dans la ville par cette porte. Nous sommes porté à croire qu'il en était déjà question en date du 30 juillet 1677, lorsque Louvois écrivit à Vollant pour lui demander « ce qu'il coûteroit pour faire les travaux à la Porte des Malades [4] », et surtout le 24 mai 1678, lorsque Louvois dit dans une autre lettre à son ingénieur de Lille : « Sa Majesté ne veut pas faire quant à présent les dépenses que vous proposez à la Porte des Malades [5]. » Comme on avait travaillé en 1674 et durant les années suivantes à la porte proprement dite

---

[1] Archives municipales de Lille, Registre aux résolutions du magistrat, en septembre et décembre 1685, t. XII, p. 168 v°, 218 v°; t. XIII, p. 1 v°, 5 r°, 8 r°.

[2] Registre aux résolutions du magistrat, t. IX, fol. 138 v°; t. X, fol. 142 v°, t. XI, f°s 67, 82, 83, 131; t. XII, fol. 92; t. XIII, fol. 119.

[3] Archives municipales de Lille, Registre aux résolutions du magistrat de la ville de Lille, t. XIV, fol. 30.

[4] Archives du Dépôt de la guerre, à Paris, volume 525, renfermant la correspondance de Louvois, p. 356.

[5] Archives du Dépôt de la guerre, à Paris, vol. 574, p. 144.

et aux bastions et demi-lunes qui la défendaient, la dépense que le Roi interdit doit concerner le travail artistique et d'ornementation. Il semble, d'après les extraits de lettres que nous venons de citer, que c'est Simon Vollant qui proposait ce travail et demandait à le faire.

C'est seulement en date du 3 septembre 1684 qu'on trouve dans la correspondance inédite de Louvois un renseignement tout à fait précis au sujet de l'arc de triomphe. A cette date, le célèbre secrétaire d'État et surintendant des bâtiments, arts et manufactures, écrivit de Versailles à Simon Vollant : « J'ay receut avec votre lettre du 28 du mois passé, le dessin du frontispice de la Porte des Malades de l'Isle, lequel le Roy a approuvé. Ainsy vous n'avez qu'à le faire exécuter [1]. »

Ainsi le texte est explicite. Les mots *dessin du frontispice* de la porte s'appliquent, on n'en peut douter, à l'ensemble de cette porte, à l'arc de triomphe [2]. Et ce dessin ou plan n'a pas été fait à Paris comme celui de la statue équestre dont nous avons parlé plus haut; c'est l'architecte Simon Vollant qui l'a envoyé de Lille à Versailles, et a obtenu à son sujet l'approbation de Louis XIV et de Louvois. S'est-il fait aider par son fils Jean, peut-être ancien élève de l'École de Rome, ou par un autre architecte, pour faire ce projet? Nous n'en savons rien. Ce qui est certain, c'est que le plan de la Porte de Paris lui appartient; il l'a proposé comme sien et il l'a fait adopter. Jusqu'à aujourd'hui on savait, d'après la tradition et d'après le *Guide des étrangers de Lille* de 1772, que c'était Simon Vollant qui était l'architecte de la Porte de Paris : la lettre du 3 septembre de 1684, que nous avons trouvée dans la correspondance inédite de Louvois, l'établit d'une manière incontestable.

Les travaux autorisés par Louvois ne semblent pas avoir été commencés immédiatement. On était à l'entrée de la mauvaise saison, et la ville n'avait pas encore achevé les travaux du pont de la Porte [3]. Dans une lettre datée de Fontainebleau le 20 octobre 1685, Louvois dit à Vollant : « Comme la saison est fort avancée, le Roy

---

[1] Archives du Dépôt de la guerre, à Paris, vol. 717, p. 63.
[2] Dans la lettre du 3 septembre 1684, le mot « dessin du frontispice de la porte » signifie l'ensemble de cette porte. En effet, la question des sculptures de la partie supérieure est traitée seulement dans une lettre du 8 janvier 1688.
[3] Archives municipales de Lille, Registre aux résolutions du magistrat, t. XI, fol. 131, et t. XII, fol. 92.

ne juge pas à propos que l'on commence cette année à la Porte des Malades ¹. » Simon Vollant, qui semble avoir eu à cœur l'érection de l'arc de triomphe et qui sans doute y tenait d'autant plus qu'il avait été au mois de juillet précédent anobli par le Roi, crut que l'autorisation précédemment reçue lui permettait de commencer le travail. Dans une délibération du 17 janvier 1686, le magistrat de Lille parle « des ouvrages que le Roy a fait faire à la Porte des Malades ² » ; et une pièce du 10 avril 1687 nous fait connaître que vers la fin de l'année 1686 le travail était déjà très avancé ³. Louvois, qui n'entendait point qu'on agît sans qu'il l'eût commandé, fut mécontent de cet excès de zèle : « Je ne comprends, écrivit-il à Vollant en date du 6 décembre 1686, comment l'on a pu, sans ordre, faire travailler à la Porte des Malades de l'Isle. Expliquez-moi, par un plan et un profil, quel est cet ouvrage et de quelle date est l'ordre sur lequel on l'a entrepris ⁴. »

Lorsque Louvois écrivait ces lignes, une notable partie de l'arc de triomphe était élevée, puisque, le 10 avril 1687, l'intendant de Flandre, M. de Bagnols, fit l'adjudication du travail « du reste de la Porte des Malades », qui n'était pas à la charge de la ville ⁵.

Ce reste du travail, qui n'était que l'achèvement du gros œuvre, fut exécuté durant l'année 1687, puisque au mois de décembre de la même année Simon Vollant écrit à Louvois au sujet de l'ornementation de l'édifice.

Anvers était alors le grand centre artistique des Pays-Bas et du nord de la France. Vollant s'était adressé à un maître de cette ville pour la sculpture des motifs de décoration, et il lui avait été répondu que ce travail coûterait 5,000 livres. Il fit connaître cette réponse à Louvois en date du 16 décembre 1687.

Louvois, bien qu'il fût, depuis la mort de Colbert, surintendant des Arts, déclarait « qu'il ne se connaissait point en peinture ni en statues »; il tenait plutôt, dit M. Camille Rousset, du maçon que de l'architecte. Toutes ses instructions, en fait d'Art, étaient dans

---

[1] Archives du Dépôt de la guerre, vol. 750, p. 551.
[2] Archives municipales de Lille, Registre aux résolutions, t. XIII, fol. 17 r°.
[3] Archives municipales de Lille, Registre aux résolutions, t. XVI, fol. 30 r°.
[4] Archives du Dépôt de la guerre, vol. 771, p. 103.
[5] Archives municipales de Lille, Registre aux résolutions du magistrat, 14 p°, f° 30 r°.

le sens de l'économie[1]. Le 21 décembre, il répondit à Vollant : « J'ay receu vostre lettre du 16 de ce mois. Les cincq mille livres que demande le sculpteur d'Anvers pour la sculpture du frontispice de la Porte des Malades de l'Isle est un prix excessif. Adressez-moy un dessein de cette porte, et mandez-moy de quelle nature est la pierre qu'il faut sculpter, parce que je pourray vous envoyer des ouvriers qui seront plus habiles que luy et moins chers[2]. »

Louvois reçut, le 8 janvier 1688, le projet des motifs de décoration de la Porte de Paris. D'après ce projet, une statue équestre de Louis XIV devait couronner l'arc de triomphe; on y voyait plusieurs figures surmontées de bas-reliefs. Louvois communiqua ce plan à Louis XIV et sans doute aussi, comme il avait l'habitude de le faire, pour tous les travaux d'Art, à l'architecte Mansard et au sculpteur Girardon[3]. Le Roi, qui, en ce qui concerne la Porte de Paris, semble avoir arrêté l'empressement de Vollant et son penchant à la dépense, déclara qu'il ne voulait point « que l'on s'amuse à faire des figures avec des bas-reliefs au-dessus ». Et l'on ordonna de supprimer la statue équestre et de la remplacer par des trophées. On éviterait ainsi, disait Louvois, toujours économe et toujours rude, « beaucoup de dépense et beaucoup de mauvaises sculptures que les ouvriers du pays ne manqueroient pas de faire[4] ».

La substitution du trophée à la statue équestre sur la partie centrale était heureuse; ce motif s'harmonise bien avec les deux trophées plus petits surmontant les parties des côtés, qui reproduisaient les bas-reliefs dessinés par Claude Perrault pour la porte Saint-Antoine[5]. Les ordres de Louvois furent suivis en ce qui concerne ces trois motifs sculptés; mais, malgré l'avis du Roi, on exécuta les deux statues de Mars et d'Hercule, avec les trophées qui les surmontent. D'après le *Guide des étrangers à Lille,* publié en 1772[6], il y aurait « dans le jardin d'un château d'Annappes « une statue en marbre, représentant Hercule, due à un artiste qui « s'était présenté pour travailler à la Porte des Malades ». Nous avons étudié avec soin le monument qui se trouve encore aujour-

---

[1] Camille Rousset, *Histoire de Louvois.* Paris, Didier, 1864, t. III, p. 368.
[2] Archives du Dépôt de la guerre, à Paris, vol. 789, p. 317.
[3] Camille Rousset, *Ouvr. cité,* t. III, p. 371.
[4] Archives du Dépôt de la guerre, à Paris, vol. 800, p. 220.
[5] *Le Cabinet du Roi,* ouvrage publié en 1679, in-plano, t. XV.
[6] *Guide des étrangers à Lille.* Lille, Jacquez, 1772, p. 210.

d'hui au château d'Annappes : c'est un groupe représentant *Hercule terrassant l'Envie,* en plâtre et non en marbre, qui, à notre avis, n'a jamais été destiné à la Porte de Paris [1]. A dater de la lettre du 13 janvier 1688, nous ne trouvons plus de mention relative à la Porte de Paris dans la correspondance de Louvois, qui mourut en 1692, ni dans celle de son successeur.

Quelques pièces conservées dans les Archives municipales de Lille prouvent que le travail ne fut achevé que vers 1695, et fournissent les noms de sculpteurs. Une lettre adressée en date du 27 mai 1693 à M. de Bagnols, intendant, fait connaître que le sieur Augustin Cornille venait de faire paver au-dessus la Porte des Malades pour éviter les infiltrations de l'eau, ce qui indique qu'on était sur le point d'achever l'ouvrage [2]. D'une autre lettre, du 28 avril 1694, il résulte qu'il était dû par le trésorier de l'extraordinaire des guerres 2,000 livres à Augustin Cornille et 1,000 livres au sieur Manier, pour une partie des travaux de sculpture à la Porte des Malades [3]. L'importance de ces sommes, qui n'étaient que des acomptes, démontre que ces maîtres furent chargés de l'ensemble des ouvrages de sculpture. Le maître d'Anvers avait demandé 5,000 livres : Cornille et Manier durent recevoir une somme presque aussi élevée, puisqu'on leur paya 3,000 livres comme acomptes. Ces deux entrepreneurs sculpteurs faisaient sans doute partie de ces « ouvriers du pays » dont Louvois parlait en janvier 1688 ; on trouve à Lille des Cornille parmi les maîtres maçons au commencement du dix-septième siècle, et un Nicolas Mannier, peintre, en 1645 [4]. Le soin avec lequel ont été exécutés les trois motifs qui surmontent l'arc de triomphe prouve qu'ils étaient

---

[1] Voici l'inscription placée en 1852 sous ce groupe :

« Ce groupe représente la Force terrassant l'Envie. Exécuté à Lille, par ordre des États de Flandre, après la paix d'Utrecht en 1713, il était destiné à décorer la porte monumentale de Paris ; mais n'étant pas proportionné à la grandeur de ce monument, il fut vendu à Messieurs de Brigode qui le placèrent, en 1715, dans cette partie de leur habitation.

« Restauré en 1852. »

On remarquera qu'en 1713 la Porte de Paris était construite depuis longtemps déjà, et que les États de Flandre ne sont entrés pour rien dans la dépense faite pour cette porte. Le groupe d'Hercule est sans doute une maquette faite pour un autre monument.

[2] Archives municipales de Lille, carton 270, dossier 22.

[3] Archives municipales de Lille, carton 270, dossier 22.

[4] Houdoy, *la Halle échevinale de la ville de Lille*. Lille, 1870, p. 82.

d'habiles sculpteurs. La dernière mention relative à l'arc de triomphe que nous avons rencontrée dans les Archives est une lettre du 2 juillet 1694, par laquelle Simon Vollant demande une somme de 1,000 livres afin de « faire venir les pierres nécessaires pour achever la Porte des Malades [1] ».

De tout ce que nous venons de dire, nous croyons avoir le droit de conclure que le projet d'ériger l'arc de triomphe de la Porte de Paris semble avoir été conçu par Simon Vollant et avoir été adopté par Louvois, que ce monument a été élevé aux frais de l'État et non de la ville, qu'il a eu pour auteur, architecte et constructeur, Simon Vollant, et pour sculpteurs Augustin Cornille et le sieur Manier, et qu'il a été érigé de 1685 à 1695.

III

SIMON VOLLANT INGÉNIEUR ET ARCHITECTE, AUTEUR DE LA PORTE DE PARIS.

Simon Vollant n'a pas obtenu jusqu'à aujourd'hui la place d'honneur à laquelle il a droit dans les annales de Lille. Un coup d'œil jeté sur les travaux dont il a été chargé et sur les services qu'il a rendus démontrera que notre cité doit être fière de le compter au nombre de ses enfants.

Il appartenait à une vieille famille d'architectes lillois. Le *Registre des maîtres maçons* (terme sous lequel étaient autrefois désignés les entrepreneurs et les architectes) qui ont obtenu la maîtrise dans la corporation ou métier de ce nom, présente, de 1592 à 1696, cent dix-sept mentions du nom de Vollant. Un Simon Vollant était doyen du métier en 1592, et il a occupé cette fonction jusqu'en 1638. Son fils Jean, qui fut reçu maître en 1604, eut lui-même pour fils, de sa femme Jeanne Pronier, en date du 1ᵉʳ février 1622, le Simon Vollant à qui nous consacrons les lignes qui suivent. Celui-ci est mentionné en 1646 et dans les années suivantes comme maître ayant plusieurs apprentis, et dès 1648 il est chaque année nommé doyen, jusqu'en 1659, époque où il est remplacé par son frère. François Pasquier et Jean François, ses fils, font leurs chefs-d'œuvre et sont admis dans le métier, le

---

[1] Archives municipales de Lille, carton 270, dossier 22.

12 juin 1656. Simon avait, outre ces deux fils, trois autres enfants : Jean, Marie-Catherine et Marie-Jeanne, de sa première femme, « damoiselle Marie Villain, native de Tournay », fille d'André Villain, dont on trouve le nom avec la qualité de doyen dans le Registre des maîtres maçons de Lille; Simon épousa en secondes noces Marguerite-Félicité Haccou. Il acheta la bourgeoisie à Lille en date d. 8 mai 1671 [1].

Le retour de Lille à la France amena de grands travaux qui fournirent à Simon Vollant l'occasion de faire apprécier son talent comme architecte, ingénieur et constructeur. Dès 1667, Simon Vollant se chargea, en qualité d'entrepreneur, des travaux les plus urgents, qui furent immédiatement exécutés sous les ordres de Vauban. Celui-ci ne tarda pas à apprécier ses qualités : car une lettre de Louvois du 16 avril 1668 nous apprend qu'à cette date, « le Roy ayant receu divers bons témoignages de la capacité et expérience au fait des mathématiques et de l'architecture, de la diligence, usage et conduite de Simon Vollant et de sa fidélité et affection à son service, dont il a donné des preuves en diverses occasions, mesme en la construction de la citadelle, l'a retenu, ordonné et establi à la charge de l'un de ses ingénieurs et architectes ordinaires de ses armées [2] ». L'ingénieur ordinaire avait droit à des appointements et conservait son titre et ses fonctions, même lorsqu'on ne le chargeait pas de travaux spéciaux.

La citadelle de Lille, cette fille aînée de Vauban, comme disait Louvois [3], a été construite d'après un plan présenté au Roi par Vauban en date du 15 octobre 1667 [4]. Elle est l'œuvre du célèbre ingénieur ; mais une part de la gloire qu'il en a retirée revient à Simon Vollant. Entrepreneur du travail, ce dernier en était aussi l'ingénieur sous les ordres de Louvois et de Vauban. On dépensait chaque année environ 100,000 livres fournies par l'État et 3,000 florins donnés par la ville. Le nombre des ouvriers employés par Vollant était, en date du 23 février 1669, de six mille,

[1] Le Registre des maîtres maçons, d'où nous avons extrait presque tout ce qui précède, se trouve dans notre collection de documents concernant la ville de Lille. C'est un petit in-folio, reliure basane, avec fermoirs en cuivre. Il a été commencé en 1471 et continué jusqu'en 1790.
[2] Archives du Dépôt de la Guerre, vol. 213, p. 166.
[3] Ibid. Lettre de Louvois à Vauban, vol. 242.
[4] Ibid. Lettre du 15 octobre 1667, vol. 209.

parmi lesquels mille soldats qui rendaient moins de services que les autres [1]. Vauban était souvent absent, soit pour des constructions en d'autres régions, soit pour l'organisation de l'armée. Vollant correspondait directement avec Louvois au sujet des acquisitions à faire pour l'État, telles que les démolitions des châteaux d'Erquinghem et de la Motte-au-Bois ou les grès et bois achetés à Béthune, concernant les modifications à apporter aux bastions, aux demi-lunes, aux radiers et écluses permettant de donner l'eau dans les fossés et de produire une large inondation autour de la citadelle [2]. Cela résulte non seulement de la correspondance de Louvois, mais aussi d'une lettre de Louis XIV, qui dit formellement que « c'est par les conseils et avis de Vollant qu'il a fait construire la citadelle de Lille, et qu'on lui a confié la conduite des travaux qui ont réussi contre toute attente, à cause des grandes difficultés qui s'y sont rencontrées [3] ».

Simon Vollant fut aussi chargé, de 1671 à 1676, de construire d'après les plans de Vauban la nouvelle enceinte de la ville et de régler toutes les questions relatives aux terrains sur lesquels elle était établie. Durant la guerre contre la Hollande, lorsqu'en 1677 et 1678 l'armée française fit les sièges de Valenciennes, d'Ypres et de Gand, Simon Vollant, dit encore Louis XIV, « fut appelé « les conseils de guerre tenus avant l'attaque des places, et ses « avis écoutés favorablement ne contribuèrent pas peu à la prise « de ces villes [4] ».

Ces services signalés déterminèrent le Roi à charger Vollant de contrôler les travaux qui se faisaient en plusieurs villes fortes,

[1] Archives du Dépôt de la guerre, vol. 240, p. 177.
[2] *Ibid.*, vol. 231, p. 86, 217, 270, 290; vol. 232, p. 61; vol. 234, p. 66; vol. 236, p. 14; vol. 240, p. 12, etc., etc.
[3] Lettre d'anoblissement pour Simon Vollant. Archives départementales du

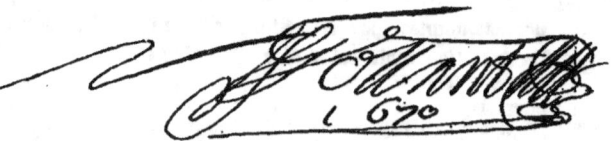

Nord, chambre des comptes de Lille, art. B 1673, 78e registre aux chartes, fol. 124 v° et 125.
[4] Lettres d'anoblissement déjà citées.

— 19 —

Courtrai, Ath, Bergues [1], et à lui donner des ordres « pour aller, « disent encore les lettres de Louis XIV, visiter les villes et les « places de Douay, fort de l'Escarpe, Oudenaerde, Halle, les cita- « delles de Tournay et d'Arras, et Ypres, pour lesquelles il a esta- « bli les défauts qui y avoient esté faits par les ingénieurs [2] ». Vollant fut chargé, comme ingénieur, de construire une redoute à Warneton sur la Lys et de fortifier le château de Comines en y faisant divers travaux au pont et à la tour [3].

La direction des fortifications de Menin lui fut confiée : « Et il y « réussit, ajoute le Roi, plus heureusement que l'on ne l'avoit « espéré, attendu les grandes difficultés qu'on avoit de tout temps « trouvées pour fortifier ladite place [4]. » Louvois écrivit un nombre considérable de lettres à Vollant au sujet des travaux exécutés à Menin. Il s'occupait des moindres détails et voulait être tenu au courant chaque semaine de ce qui y avait été fait.

Ce qui se passa au sujet des fortifications d'Ypres est un témoignage éclatant de l'estime en laquelle Louvois tenait Simon Vollant. Le directeur de ces fortifications était M. de Chazerat, gentilhomme d'Auvergne. En 1680, Louvois, qui se défie d'un mémoire présenté par les ingénieurs qui travaillent à Ypres, ordonne d'envoyer ce mémoire à l'intendant, « pour qu'il prenne « l'avis du sieur Vollant et renvoie les profils que proposera ce « dernier ».

Dans un autre lettre de la même année, il s'exprime ainsi : « Je « vous envoie la lettre du sieur Vollant. Vous verrez son avis sur « les revêtements de la basse ville d'Ypres. Je lui recommande d'y « aller tous les huit jours. Faites exécuter ponctuellement tout ce « qu'il aura résolu. » Quelques jours après, Louvois écrivait encore : « Je ne puis rien vous dire sur tout ce que vous me man- « dez des fortifications d'Ypres, si ce n'est qu'il faut suivre l'avis « du sieur Vollant, qui est le plus entendu à ces sortes d'ouvrages « de tous les gens qui servent le Roy [5]. »

---

[1] Archives du Dépôt de la guerre, vol. 240, p. 12; vol. 244, p. 168, etc.
[2] Lettres d'anoblissement déjà citées.
[3] Archives du Dépôt de la guerre, vol. 261, p. 239; vol. 310, p. 305.
[4] Lettres d'anoblissement déjà citées.
[5] *Louis XIV, Louvois, Vauban et les fortifications du nord de la France, d'après des lettres inédites de Louvois adressées à M. de Chazerat*, par M. Cho-

l'enant de Louvois, du ministre à la fois si sévère et si compétent en ce qui concernait les fortifications, cet éloge est complet. Il faut donc regarder Simon Vollant comme l'aide le plus intelligent, le plus habile que Louvois et Vauban aient trouvé dans le nord de la France.

Il est vrai qu'en 1683 Louvois, qui menaçait et parfois punissait du cachot ceux qui n'exécutaient pas ponctuellement ses ordres, déclara à Vollant que, s'il ne fournissait pas avant la fin du mois le mesurage des fortifications de Menin, un ordre du Roi le ferait mettre en prison [1]. Mais pour une lettre qui adresse des reproches, il y en a cent qui accordent des éloges au sujet de l'excellence des travaux exécutés par Vollant. Quant à la probité de cet ingénieur dans l'exécution des ouvrages qui lui étaient confiés, elle a été éloquemment attestée par Vauban. En décembre 1671, les officiers d'un régiment qui venait de quitter Lille s'étaient plaints à Louvois des injustices que les entrepreneurs commettaient à l'égard des soldats. Vauban, à qui Louvois communiqua ces plaintes, déclara dans un langage ému qu'il se portait garant pour Vollant et un autre ingénieur du nom de Montgivrault, et ajouta que s'ils méritaient le fouet, il mériterait lui-même la corde [2].

Vollant s'occupa d'autres travaux qui exigeaient des connaissances spéciales. Louis XIV rappelle que « c'est selon son avis qu'a été creusé le canal qui joint la Deûle à la Scarpe [3] », et il ajoute que dans l'entreprise si difficile qui avait pour but d'amener les eaux de l'Eure dans le château de Versailles, les avis donnés par Simon Vollant « ont été receus et approuvés comme nécessaires pour le « succès d'un si grand dessein ». Avant de commencer ce difficile et coûteux travail, le Roi, par des lettres du 30 décembre 1684 et du 12 janvier 1685, avait mandé Vollant à Versailles [4]. C'est après avoir rappelé tous les services rendus par l'habile architecte et ingénieur dans les termes cités plus haut, que Louis XIV, en date de mai 1685, lui accorda des lettres de noblesse pour lui et ses

TARD, doyen de la Faculté des lettres de Clermont. Paris, Plon, 1890, p. 150 à 156.

[1] Archives du Dépôt de la guerre, vol. 693, p. 533; vol. 696, p. 315.
[2] *Ibid.*, vol. 262. Lettres du 4 et du 16 décembre 1671.
[3] *Ibid.* Voir aussi les lettres de Louvois du 6 août 1685, vol. 742, f° 85.
[4] *Ibid.*, vol. 720, p. 549; vol. 740, p. 230.

descendants, avec un écusson *d'azur, à un chevron d'or, accompagné en chef de demi-vols d'argent (armes parlantes), et en pointe de trèfle de même*. Sa seconde femme, Marguerite-Félicité Haccou, portait *de gueules à une croix de vair*.

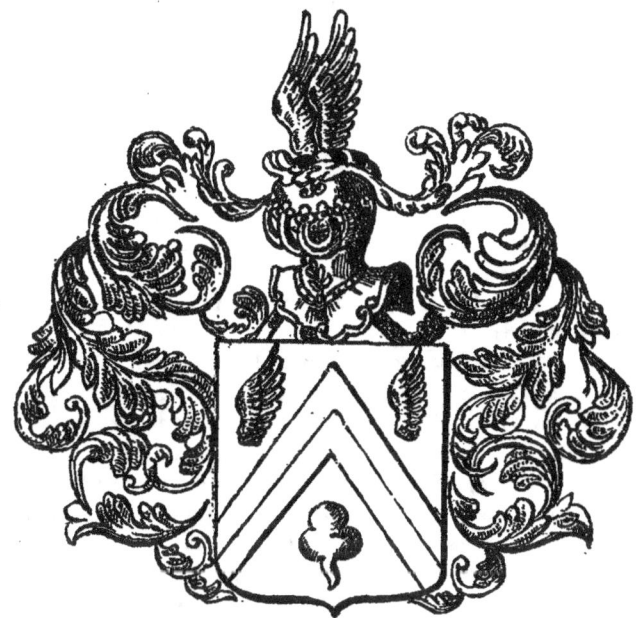

ARMES DE SIMON VOLLANT.

C'était une éclatante récompense accordée au descendant des maîtres maçons de Lille. Louvois lui avait lui-même annoncé cette faveur dès le 21 avril. Il lui avait écrit à cette date : « Le Roy a eu bien agréable de vous accorder les lettres de noblesse que vous demandez. Je vais les faire expédier; vous les recevrez au premier jour. Cependant, je suis bien ayse de vous donner advis par avance de la grâce que Sa Majesté vous a faite[1]. »

Déjà longtemps auparavant, dès 1671, Louvois avait, par sa

---

[1] Archives du Dépôt de la guerre, vol. 744, p. 443.

toute-puissante influence, fait obtenir à Simon Vollant la fonction importante d'argentier ou grand trésorier de Lille. Les échevins, qui étaient, on le comprend, peu satisfaits de voir l'ingénieur des armées du Roi devenir trésorier de la ville et fournir ainsi l'argent qu'il était lui-même chargé de dépenser dans les travaux publics, réclamaient contre cette situation et déclaraient qu'ils agiraient auprès du Roi pour la faire cesser. Mais Louvois, cédant aux instances de Vollant, fit maintenir ce dernier dans ses fonctions qu'il exerça jusqu'en 1694, époque où il fut remplacé par son fils [1].

Vollant avait sans doute acheté la terre de la Cessoye, puisqu'il est qualifié seigneur de ce lieu. Sa fille avait épousé Charles-Guy de Valory, directeur des fortifications de Lille, Menin et Courtrai, et major de la citadelle d'Arras, qui appartenait à une très ancienne famille noble, d'origine italienne, établie en France depuis plusieurs siècles.

Le plus célèbre des enfants de Simon Vollant est son fils Jean, qui serait né en 1658. Jean Vollant nous paraît avoir fait partie des dix-sept premiers artistes envoyés en 1673 à l'Académie de France à Rome, parmi lesquels il y avait deux architectes dont l'un du nom de Vollant [2]. En 1679, en qualité d'ingénieur des armées du Roi, il s'occupa avec son père de diriger les travaux des fortifications de Menin et de l'aqueduc connu sous le nom de canal de Maintenon, qui devait amener, comme nous l'avons dit plus haut, les eaux de l'Eure dans les jardins du château de Versailles. « Il se trouva « ensuite à plusieurs sièges considérables, entr'autres à celui du « Luxembourg où il reçut plusieurs blessures, en donnant des « preuves de son courage [3]. »

En février 1686, il fut, avec trois autres ingénieurs, en qualité d'ingénieur en chef et de commandant de l'une des compagnies d'hommes d'armes, envoyé par le Roi dans le royaume de Siam, d'où une révolution le força de revenir [4]. Il avait déjà fait l'acqui-

---

[1] Archives du Dépôt de la guerre, vol. 255, p. 76; vol. 256, p. 79; vol. 261, p. 329; vol. 310, p. 305.

[2] CASTAN, *Les premières installations de l'Académie de France à Rome*, travail publié dans les *Mémoires des réunions des Sociétés des Beaux-Arts*, 1889.

[3] Lettres de chevalerie accordées par Louis XIV à Jean Vollant, seigneur des Werquains, Archives départementales du Nord, registre B 1677, p. 608.

[4] AUGOYAT, *Aperçu sur les fortifications et les ingénieurs*. Paris, 1860, t. I, p. 141 — Jean Vollant a publié l'*Histoire de la Révolution de Siam arrivée en*

sition de la seigneurie des Werquains sous le nom de laquelle on le désigne souvent, lorsque, le 1ᵉʳ décembre 1690, il acheta à Lille le droit de bourgeoisie [1]. Il épousa, quelque temps après, Anne-Robertine Mairesse, qui appartenait à une riche famille de Cambrai dont plusieurs membres habitaient Lille [2]. En 1694, il succéda à son père dans les fonctions d'argentier de la ville qui venaient d'être érigées en office héréditaire et qu'il conserva jusqu'à sa mort, arrivée en 1729 [3]. Son père était mort peut-être en 1694 et certainement en 1699, lorsque Louis XIV, en date de juillet 1699, accorda à Jean des lettres de chevalerie [4], dignité à laquelle fut ajoutée celle de conseiller du Roi. Plusieurs travaux très importants exécutés dans la ville de Lille ont été attribués à Jean Vollant, la construction du pont Neuf, les dessins des superbes boiseries du conclave, un plan pour la restauration du palais Rihour.

Après avoir lu ces énumérations de travaux exécutés par Simon Vollant et son fils Jean, on comprend comment, étant à la fois des architectes, des ingénieurs et des dessinateurs habiles, ils ont pu concevoir eux-mêmes le plan de la Porte de Paris, qui tient tout à la fois de l'arc de triomphe et de la porte de défense, qui est un véritable monument d'architecture militaire.

IV

LA PORTE DE PARIS DEPUIS LA RÉVOLUTION JUSQU'À NOS JOURS.

Depuis la fin du dix-septième siècle jusqu'à la Révolution, la Porte de Paris ne semble avoir été l'objet d'aucune modification. En 1791 et durant les années qui suivirent, elle fut l'objet de mutilations. Les esclaves enchaînés formant motifs au-dessus des entablements des parties des côtés furent enlevés, parce qu'on croyait y voir un symbole de l'état d'esclavage dans lequel le

l'année 1688, imprimée à Lille chez J.-C. Malte, 1691, in-18, armes et plan. Il avait rapporté de ce séjour dans l'extrême Orient une foule d'objets de curiosité, laques de Chine, porcelaines, potiches, dont il avait orné son habitation. (HOUDOY, Tapisserie de haute lisse. Lille, 1871, gr. in-8°, p. 93.)

[1] Archives municipales de Lille, 9ᵉ Registre aux bourgeois, f° 69.
[2] DEHAISNES et BONTEMPS, Histoire d'Iwuy. Lille, 1888, in-4°, fig., p. 228.
[3] HOUDOY, les Imprimeurs lillois. Paris, 1879, gr. in-8°, p. 355.
[4] Lettres de chevalerie, citées plus haut.

peuple serait resté sous Louis XIV, et on les remplaça, comme nous l'avons déjà dit, par des cottes d'armes, des massues et des casques. Pour ce travail et « pour regratter la partie du milieu », 120 livres furent payées au sieur Leplus, sculpteur [1]. Mars et Hercule auraient été, assure-t-on, décapités, et le médaillon où se trouvait l'image de Louis XIV disparut, ainsi que les armoiries du même Roi. Ces dernières mutilations furent réparées, excepté celle qui concernait les esclaves enchaînés, en 1826 ou 1827, époque où la Porte de Paris fut remise à neuf avant le voyage de Charles X dans le département du Nord. En 1853, la Commission historique du département réclama le rétablissement des armes de Louis XIV sur le tympan de la même porte.

Lorsqu'en 1858 furent résolus l'agrandissement de la ville et, comme conséquence, le démantèlement de la partie des fortifications où se trouvait la Porte de Paris, M. de Melun, avec l'autorité que lui donnaient sa situation et ses connaissances spéciales, réclama instamment, auprès de ses collègues de la Commission mixte chargée d'étudier le plan de la ville agrandie, pour que la Porte de Paris fût conservée, sans être déplacée. Divers projets de rues et de places autour du monument furent alors présentés. Au moment où le démantèlement était sur le point de s'effectuer, en 1866, M. l'architecte Godey, ancien secrétaire de la Commission mixte, publia une brochure, courte, mais remarquable, sur la Porte de Paris, en y joignant un projet de restauration [2]. La même année, la Commission historique du département du Nord, à la suite d'un important rapport de M. de Melun, l'un de ses membres, envoya à M. le préfet, avec prière de l'appuyer auprès de l'administration municipale, une délibération par laquelle elle demandait que la Porte de Paris fût conservée à l'endroit où elle a été construite [3]. Il en fut de nouveau question dans les séances tenues par la même Commission le 15 novembre 1866, le 7 mars 1867, le 6 mars et le 3 avril 1873 et le

[1] *Observations de plusieurs maîtres sculpteurs de la ville de Lille*. Lille, Deboubers, 1790. — Le 31 janvier 1791, la municipalité fit disparaître des groupes d'esclaves enchaînés à la citadelle et les armoiries du Roi sur les murs de la ville et des forts.

[2] *Étude sur l'arc de triomphe de Louis XIV, Porte de Paris à Lille*. Lille, 1866, gr. in-8º, planche.

[3] *Bulletin de la Commission historique du département du Nord*, t. IX, p. 253.

10 juillet 1875[1]. Dans cette dernière séance, la Commission fut heureuse de constater que, comme elle l'avait demandé, la Porte de Paris était classée au nombre des monuments historiques. La Société des Sciences de Lille réclama dans le même sens. La Société des Architectes du département du Nord présenta, sur la même question, le 14 décembre 1872, un rapport rédigé par M. Contamine[2], à la fin duquel elle déclare « qu'elle considérerait comme un déshonneur de ne pas protester de toutes ses forces contre tout ce qui pourrait être tenté en vue de la non-conservation de la Porte de Paris ».

Déjà, avant les Sociétés savantes, au commencement de l'année 1866, les journaux de Lille, et surtout le *Propagateur* et l'*Écho du Nord*, avaient réclamé en faveur de la conservation du monument.

Et ces réclamations étaient d'autant plus nécessaires qu'en cette même année 1866 quelques habitants du quartier de la rue de Paris avaient fait circuler une pétition tendant à obtenir la démolition du monument, afin, disait-on, de donner plus d'air au quartier et d'y faciliter les communications. Cette pétition ne réussit à avoir un certain nombre de signatures que deux ans après, en 1868; et elle fut alors transmise par le maire au conseil municipal. A la suite d'une longue discussion, la proposition de démolir la Porte de Paris fut retirée. La question n'avait pas toutefois été définitivement résolue. Elle fut reprise au conseil municipal en septembre 1872, et il fut décidé qu'on nommerait, pour l'étudier sous toutes ses faces, trois Commissions spéciales, l'une composée d'artistes, l'autre d'hommes d'affaires et la troisième de membres du conseil municipal. La première des Commissions, qui avait pour président M. Garnier, l'architecte de l'Opéra, après avoir fait ressortir l'importance artistique de la Porte de Paris, déclara que l'avis unanime de ses membres était « qu'il y avait lieu de conserver cet édifice, au moyen de constructions qui le compléteront et ajouteront à sa solidité ». La seconde Commission émet aussi un avis favorable, en disant que « l'existence de la Porte n'était pour rien dans la mévente des terrains qui l'avoisinaient ». Malgré ces deux

---

[1] *Bulletin de la Commission historique du département du Nord*, t. X, p. 7 et 25; t. XII, p. 211 et 295; t. XIII, p. 1.

[2] Société des architectes du département du Nord, Commission de la Porte de Paris, *Rapport*. Lille, 1872, 7 pages in-8°

avis, qui lui avaient été transmis, la Commission spéciale du conseil municipal adopta, à la majorité de quatre voix contre trois, un rapport dans lequel était proposée la démolition de la Porte. Dans les séances du 17 et du 18 juin 1873, les conclusions de ce rapport, modifiées en ce sens que l'on demandait la reconstruction de l'édifice sur un autre point de la ville, furent longuement discutées et enfin rejetées par le Conseil. En avril et en juin 1883, la même assemblée étudia les questions complexes de la restauration de la Porte, du dégagement de son pourtour et des modifications à introduire dans les alignements proposés en avant de l'édifice. Dans les séances du 27 juin et du 25 juillet 1884, la restauration de la Porte de Paris fut comprise dans la classification des travaux à faire en un bref délai. Les négociations relatives à l'acquisition de plusieurs terrains et maisons qui se trouvaient dans le voisinage traînèrent en longueur et ne furent discutées que dans diverses séances de l'année 1888.

Les projets de restauration et d'achèvement furent alors définitivement étudiés. Celui de M. Godey, dont nous avons parlé, consistait principalement dans l'adjonction de trois façades, l'une du côté de l'intérieur de la ville et les deux autres sur les faces latérales, et dans la démolition de la petite porte pour ne laisser subsister que l'arcade triomphale : la dépense aurait été très considérable, même sans y comprendre les acquisitions de terrains. M. Lachez, architecte à Paris, avait présenté un autre plan, dont l'exécution, d'après un rapport fait au conseil municipal, aurait entraîné la ville à dépenser 15 millions. Parmi les autres projets, nous signalerons celui de l'architecte lillois M. C. Batteur, qui a été communiqué à la Commission historique du département du Nord dans sa séance de décembre 1881, sous le titre : *Notes pour la restauration de la Porte de Paris*.

La ville avait fait étudier depuis longtemps par M. Mongy, ingénieur, directeur des travaux municipaux, un projet de restauration et de complément, avec le plan du pourtour. C'est ce projet, non moins heureux sous le rapport de l'art que par son caractère pratique, qui a été adopté; pour son exécution, le conseil municipal a voté, dans sa séance du 24 février 1888, une somme de 133,000 francs, sans y comprendre les acquisitions de terrains.

A la suite de nouvelles études, le conseil municipal, dans

sa séance du 3 avril 1891, a pris les résolutions suivantes :

1° « Reconstitution de l'ancien corps de garde, dont le premier étage pourrait servir de salle de réunion ou de bibliothèque populaire;

2° Restauration de la façade;

3° Établissement d'un square bordé d'une balustrade en pierre.

Pour compléter le monument, il y aura lieu de découvrir l'ancienne base en glacis. Pour les travaux de restauration, on se servira de la pierre de Saint-Dizier, qui est facile à travailler et propre à la sculpture.

Le devis approximatif est évalué à 222,000 francs, à prélever sur le produit des emprunts déjà réalisés. En mai 1891, M. Oronie L'host, qui a déjà exécuté plusieurs travaux importants, a été déclaré adjudicataire. »

Ainsi, grâce aux réclamations des journaux de la ville et des membres des Sociétés savantes, grâce aux avis donnés par les archéologues et les artistes, grâce au vote du conseil municipal et aux efforts de l'administration, la ville de Lille verra s'accomplir, en 1891, un important travail de restauration; ainsi le plus curieux édifice artistique de notre cité sera sauvé.

En terminant ces pages dans lesquelles nous avons essayé d'exposer l'histoire de la Porte de Paris et de rappeler les importants services que son auteur, Simon Vollant, a rendus à la France et à la ville de Lille, nous nous permettrons d'émettre le vœu que le nom de Simon Vollant soit donné à une rue ou à une place voisine du monument. En rendant cet honneur à l'architecte lillois, en rétablissant la Porte de Paris dans son état primitif, la municipalité de Lille aura bien mérité de la ville, de la France et des Beaux-Arts!

www.ingramcontent.com/pod-product-compliance
Lightning Source LLC
Chambersburg PA
CBHW030108230526
45471CB00003B/1308